당 신 이
보지 못한
희귀 사진

|1|

한양
그리고
도시

Hanyang

漢陽都城

漢陽都城

목차

Contents

目次

目錄

서문

쉬충마오

한양, 오늘날에는 서울이라 부르는 그곳은 600년에 이르는 역사를 지니고 있다. 그곳은 인간 문명의 보물이자, 한국인의 지혜를 드러내는 값진 문화유산이다. 14세기 후반, 조선 왕조의 창업자 태조(이성계)는 그 도시의 계획을 세우고 건설에 착수했다. 조선의 4대 왕으로 대단히 의욕적이고 창의적이었던 세종대왕 (이도)은 도시의 성곽과 내부 구조물들을 대대적으로 개조하여 한성의 외관을 갖추었다.

약 18.6킬로미터에 달하는 한양의 성곽은 네 개의 큰 산 (북악산, 낙산, 남산, 인왕산) 자락과 맞물려 있다. 성문은 모두 여덟 개다. 그 중 큰 문은 네 개로, 흥인지문 (동대문), 돈의문 (서대문), 숭례문 (남대문), 숙정문 (북대문)이다. 작은 문도 네 개로, 소의문 (서소문), 창의문 (북소문), 혜화문 (동소문), 광희문 (남소문)이다. 산과 강으로 에워싸인, 그 한강변의 옛 도시는 건축물과 자연의 조화로운 혼합체로, 격조 높고 그림 같은 경관을 자아낸다. 수세기에 걸친 전쟁, 자연재해, 세월의 풍상에도 불구하고, 그 도시는 여전히 건재하다.

근대 시기에 접어들며, 전 세계의 다른 옛 도시들과 마찬가지로, 근대화에 직면한 한성도 인구 증가로 인한 도시 확장의 필요성이 대두되었다. 따라서 성곽과 건축물들이 점차 해체되었다. 특히, 한국의 민족문화를 의도적으로 말살했던 일제강점기에는 한국의 가장 대표적인 건축 유산 경복궁이 엉망으로 파괴되고 일본의 식민 지배를 상징하는 각종 건물로 대체되는 등 끔찍한 문화적 참사가 발생했다.

광복 이후, 한국에서는 경복궁, 성곽, 성문들을 중심으로 옛 도시 한성의 외관을 복원하려는 시도들이 있었다. 이 일련의 책들은, 성루, 성문, 성벽, 그리고 장엄한 경복궁과 창덕궁 등 도성 내부의 옛 건물들을 포함한, 19세기 말부터 20세기 초까지 옛 도시의 외형을 재건하려는 노력의 일환이다. 또한, 당시의 국제 환경을 반영하는 철도, 전신, 외국 공사관 등 근대화의 자취들도 담고 있다.

덧붙여, 이 책들의 마지막 장에는 1920년대까지 거슬러 올라가는 한양 및 다른 옛 도시들의 역사적 사진들을 수록함으로써, 풍요로운 민족사를 발생시킨 한반도의 옛 도시들을 대거 소개한다. 이 값진 역사적 사진들은 대부분 당대의 서양과 일본 사진작가들의 것이다. 오가와 가즈마사의 작품 몇 점을 제외하면 대체로 작자 미상으로, 대만의 쉬충마오 갤러리에서 구입하고 보존한 원본들을 모아서 출판했다. 요컨대, 이 일련의 책들은 세계적 박물관들의 소장품 관련 기준에 부합한다.

마지막으로, 한양은 도시 건축과 자연 경관을 드러낼 뿐 아니라, 한민족의 투쟁을 상징하기도 한다. 그곳에서는 수많은 감동적인 이야기들이 만들어졌는데, 민족 전체에 관한 것뿐 아니라 특정 개인들에 관한 것도 있다. 즉, 그곳은 헤아릴 수 없이 많은 예술적 문학적 작품들을 낳은 곳이다. 이 책들은 단지 역사적 도시의 외형만이 아니라 한국인들이 근대사의 여정에서 겪은 기쁨과 슬픔을 보여 준다.

INTRODUCTION

HSU CHUNG MAO

Hanyang, which we know as Seoul today, has a history spanning 600 years. It is a treasure of human civilization, a valuable cultural asset that embodies the wisdom of the Korean people. Joseon dynasty founder King Taejo, (personal name Lee Seong-gye), planned and built the city, and construction began in the late 14th century. The fourth king, Sejong the Great (personal name Yi Do), with great ambition and innovation, extensively renovated the city walls and internal structures, creating the look of Hanseong.

The Hanseong city walls stretch approximately 18.6 kilometers along the ridges of the four major mountains: Bugaksan, Naksan, Namsan, and Inwangsan. There are a total of eight

city gates: four main gates — Heunginjimun (Dongdaemun), Donuimun (Seodaemun), Sungnyemun (Namdaemun) and Sukjeongmun (Bukdaemun); and four smaller gates — Souimun (Seosomun), Changuimun (Buksomun), Hyehwamun (Dongsomun), and Gwanghuimun (Namsomun). The ancient city is located along the Han River, surrounded by mountains and rivers, in a harmonious blend of architecture and nature, presenting a magnificent and picturesque scene. Despite centuries of war, natural disasters, and the ravages of time, it still stands strong.

Moving into the modern era, like other ancient cities all over the world, Hanseong faced modernization and the demands of urban expansion due to population growth, and the city walls and structures were gradually dismantled. Particularly during Japanese colonial rule, Korean national culture was deliberately destroyed, with Gyeongbokgung Palace — the most representative of Korean architectural heritage — being wantonly destroyed and replaced with various buildings symbolizing Japanese colonial rule, resulting in a terrible cultural catastrophe.

Following Korea's liberation, efforts were made to rebuild the appearance of the ancient city of Hanseong, especially Gyeongbokgung Palace and the city walls and gates. This series of volumes strives to reconstruct the appearance of the ancient city from the late 19th to the early 20th century, including the city towers, gates, walls, and ancient buildings within the city, especially the magnificent Gyeongbokgung Palace and Changdeokgung Palace. It also presents traces of modernization such as railways, telegraphs, as well as foreign legations reflecting the international environment of that time.

In addition, the last chapter of this series uses historical images from around Hanseong and other ancient cities going back to the 1920s, showcasing many other beautiful ancient cities on the Korean Peninsula, which gave rise to a rich national history. These valuable historical images are mainly by Western and Japanese photographers of the time. Except for a few works by Ogawa Kazumasa, most are anonymous, collected and produced from original copies purchased and preserved by the Hsu Chung-mao Gallery in Taiwan. To put it simply, this series of books matches the standards of the original collections in international museums.

Finally, Hanseong not only represents urban architecture and natural scenery, but also embodies the struggles of the Korean people. Many moving stories have arisen from it, making it not just about the people as a whole but also about individuals; it is where countless artistic and literary works came from. Reading through this series, one can not only see the appearance of the historical city but also understand the joys and sorrows of the Korean people's journey through modern history.

はじめに

徐宗懋

600年の歴史を擁する漢陽都城は、人類文明の宝であり、韓国民の知恵の結晶であるばかりでなく、貴重な世界的な文化財でもある。漢陽城が建設されたのは十四世紀末の朝鮮王朝の時代であり、開国の大君・太祖李成桂によって計画された。第四代世宗大王・李祹祹は雄大な政略を持ち、鋭意革新に取り組み、城壁と城内の建築でも大幅な刷新を断行し、漢陽都城は完全な外観を備えるようになった。

漢陽都城の城壁は四大山脈である北嶽山、駱山、南山と仁王山の山脊に沿っており、全長約18.6kmに達した。合計八カ所の城門が設けられた。正門は四カ所あり、それぞれ興仁之門（東）、 敦義門（西）、崇礼門（南）そして肅靖門（北）と名付けられていた。四つの小門は正門の間にあり、それぞれ昭義門（西南）、彰義門（西北）、 恵化門（東北）、そして光熙門（東南）と呼ばれた。古城は漢江の岸辺の山に囲まれた水辺にあり、建築と自然が相互に融合していた。雄大で壮麗な外観で、しなやかな風采をたたえていた。数百年にわたって戦争や天災、また歳月のもたらす損壊に見舞われはしたが、揺るぐことない威容を誇った。

近代以降、漢陽都城はそのほかの世界の古い都市と同じく、現代化建設と人口増加に伴う都市の拡張を求められるようになった。城壁と建築は次第に取り壊されていった。特に日本の植民統治の期間、意図的に韓国の民族文化が破壊された。最も代表的な韓国の建築遺産・景福宮も恣意的に破壊され、日本植民統治を象徴する各種の建築が無理やり加えられるという、文化にとって恐るべき災難がもたらされた。

韓国の光復後、現代都市の建設が引きつづき進められると同時に、景福宮と城壁や城門など漢陽古城の面持ちを回復する努力も払われるようになった。本写真集では、城楼や城門、城壁、さらには城内の古い建築、特に壮大で華麗な景福宮と昌徳宮など、十九世紀末から二十世紀初期の古城の面持ちを再現すべく努力した。同時に鉄道や電報など近代化の痕跡のほかに、当時の国際環境を反映した各国の公使館などの写真も収録した。

このほかに、本写真集では最後の一章を使って、漢陽都城の周辺とそのほかの古城の歴史的影像も紹介した。時代は1920年代にまで及び、漢陽都城以外の朝鮮半島に存在した数多くの美しい古城を通じて、生き生きとした民族の歴史を表現した。これらの貴重な歴史的影像は、主に西洋や日本のカメラマンが残した作品だ。一部少数の小川一真の作品を除き、絶対的多数は無名のカメラマンの手によるものだ。台湾の徐宗懋図文館は、長年コレクションしたこれらオリジナルの写真を現代によみがえらせた。本作品は、世界的な博物館レベルの作品をコレクションしたものだと言えよう。

最後に、都市建築と自然の景観を代表するのみならず、韓民族の奮闘の歩みと数多くの感動的な物語を表現するものでもある。民族の、そして個人の、無数の美術と文学作品の起源がここで育まれたのだ。本写真集を通じて、歴史的な古城の風貌を知るだけに止まらず、近代史における韓民族の悲しみと喜びの道程も体験できるであろう。

前 言

徐宗懋

擁有600年歷史的漢陽都城是人類文明的瑰寶，不僅代表韓國民族的智慧結晶，也是珍貴的世界文化財。這座城的興建始於1十四世紀末朝鮮王朝，由開國之君太祖李成桂規劃興建的，到了第四代世宗大王李祹，雄才大略，銳意革新，對城牆和城內建築大舉翻新，奠定了漢陽都城完整的面貌。

漢陽都城的城牆沿著四大山脈之北嶽山、駱山、南山和仁王山的山脊，長約18.6公里。共有八座城門。正門四座，分別為興仁之門（東）、敦義門（西）、崇禮門（南）和肅靖門（北）；四個小門位處正門之間，分別為昭義門（西南）、彰義門（西北）、惠化門（東北）和光熙門（東南）。古城位於漢江邊，環山傍水，建築與自然相互交融，宏偉壯麗，風光旖旎。儘管歷經了幾百年的戰爭、天災以及歲月的損壞，依然屹立不搖。

進入近代之後，漢陽都城與其他世界古城一般，面臨現代化建設，以及人口增長都市擴張的需求，城牆與建築逐漸遭到拆除。尤其日本殖民統治期間，刻意破壞韓國民族文化，對最具代表性的韓國建築遺產景福宮恣意破壞，強加入各種日本殖民統治象徵的建築，造成可怕的文化浩劫。

韓國光復之後，再繼續現代城市建設的同時，努力重建漢陽古城的面貌，尤其是景福宮和城牆城門等。本畫冊努力重建十九世紀末至二十世紀初期的古城面貌，包括城樓、城門、城牆，以及城內古老的建築，尤其是宏偉華麗的景福宮和昌德宮，同時也呈現了鐵路、電報等近代化痕跡，以及反映當時國際環境的各國公使館。

此外，本畫冊最後一章使用了漢陽都城周邊與其他古城的歷史影像，時代延伸至1920年代，展現了漢陽都城以外，朝鮮半島許多其他美麗的古城，孕育了民族生動的歷史。這些珍貴的歷史影像主要來自當時西方與日本攝影家的作品，除了少數作品出自小川一真，絕大部分都是佚名，由台灣的徐宗懋圖文館購買收藏原件製作而成。簡單說，這一套書的製作是屬於國際博物館等級的原版收藏水準。

最後，漢陽都城不只代表城市建築和自然風光，更代表韓國民族奮鬥的歷程，發生了許許多多感人的故事，所以不只是民族的，也是個人的，是孕育無數美術和文學作品的起源。展讀這本畫冊，除了看到歷史古城的風貌外，更可體會走過近代歷史的韓國民族的悲喜心路。

성곽

City Walls

城壁

城牆

돈의문 밖에서 본 한양 성벽

View of the Hanyang City Walls from outside Donuimun

敦義門の外から眺めた漢陽城壁

敦義門外遠望漢陽城牆

웅장한 숭례문(남대문)

The grand Sungnyemun

雄壮で華麗な崇礼門(南大門)

宏偉華麗的崇禮門(南大門)

숭례문에서 의례를 치르는 조선 관리들

Officials holding rituals at Sungnyemun

崇礼門で祭祀を行う李朝の役人

李朝官員崇禮門祭祀活動

숭례문

Sungnyemun

崇礼門

崇禮門

숭례문 밖 모습

Outside Sungnyemun

崇礼門外

崇禮門外

숭례문 밖 모습

Outside Sungnyemun

崇礼門外

崇禮門外

창의문(한양 4소문 가운데 서북쪽 문)

Changuimun, located in the mountains

山地にある彰義門

位於山區的彰義門

혜화문(한양 4소문 가운데
동북쪽 문으로, 동소문이라고도 함)

Hyehwamun

惠化門(東小門)

惠化門(東小門)

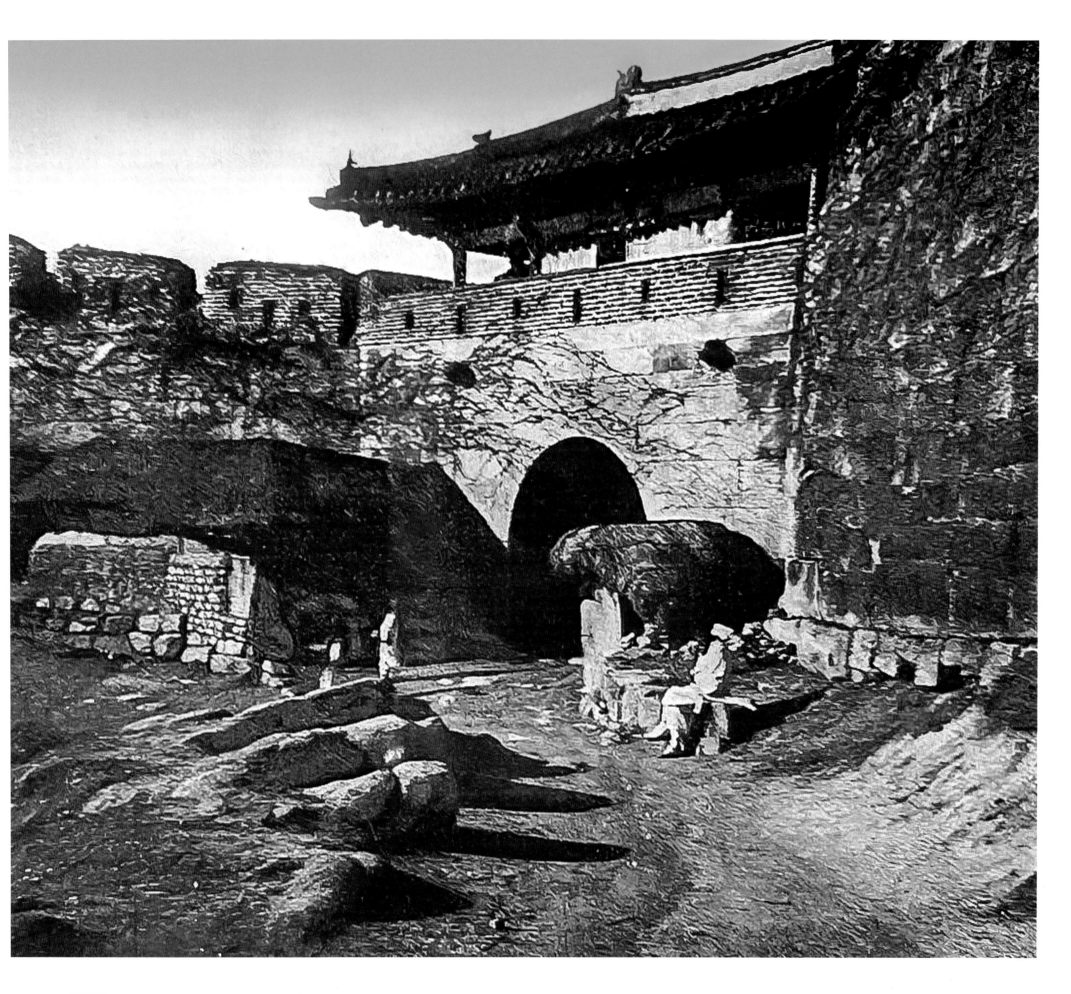

혜화문

Hyehwamun

惠化門

惠化門

흥인지문(동대문)

Heunginjimun

興仁之門(東大門)

興仁之門(東大門)

흥인지문

Heunginjimun

興仁之門

興仁之門

돈의문(서대문) 일대

Seodaemun and surroundings

敦義門(西大門)とその周辺

敦義門(西大門)與週邊

광희문(한양 4소문 가운데 동남쪽 문)

Gwanghuimun

光熙門

光熙門

본래 덕수궁 정문인 인화문(남문)

Inhwamun of Deoksugung Palace(South Gate)

德壽宮仁化門

德壽宮仁化門

경복궁 광화문

Gwanghwamun of Gyeongbokgung Palace

景福宮光化門

景福宮光化門

경복궁 광화문

Gwanghwamun of Gyeongbokgung Palace

景福宮光化門

景福宮光化門

경복궁 광화문

Gwanghwamun of Gyeongbokgung Palace
景福宮光化門
景福宮光化門

경복궁 성루

City tower of Gyeongbokgung Palace

景福宮の城楼

景福宮城樓

경복궁 영추문 (서문)

Yongchumun of Gyeongbokgung Palace

景福宮迎秋門(西門)

景福宮迎秋門(西門)

덕수궁 대한문(동문)

Daehanmun of Deoksugung
Palace

德寿宮大漢門

德壽宮大漢門

돈의문 부근 경관

Landscape around Donuimun

敦義門周辺の景観

敦義門周邊景觀

도성 내부

Inside the City

城内

城內

청나라 공사관

One of the Qing Dynasty legations

大清帝国公使館

大清帝國公使館

청나라 공사관

One of the Qing Dynasty legations

大清帝国公使館

大清帝國公使館

일본 영사관

Japanese Consulate

日本領事館

日本領事館

미국 공사관

American Legation

米国公使館

美國公使館

영국 공사관

British Legation

英国公使館

英國公使館

영국 공사관

British Legation

英国公使館
英國公使館

영국 공사관

British Legation

英国公使館

英國公使館

러시아 공사관

Russian Legation

ロシア公使館

俄國公使館

러시아 공사관

Russian Legation

ロシア公使館

俄國公使館

프랑스 공사관

French Legation

フランス公使館

法國公使館

구 일본 공사관

Former Japanese Legation

旧日本公使館

舊日本公使館

한성전보총국

Hanseong Telegraph Office

漢城電報總局

漢城電報總局

한성전보총국

Hanseong Telegraph Office

漢城電報總局

漢城電報總局

한양도성 내부 경관

Cityscape of Hanyang

漢陽市内の景観

漢陽市內景觀

남산 전경 (P. 74-75)

View of Namsan

遠方に南山を望む

遠望南山

남산에서 본 한양

View of Hanyang from Namsan

南山から漢陽を望む

從南山望漢陽

도성 내부 풍경

City street view

城内の街頭風景

城內街景

도성 내부 풍경

City street view

城内の街頭風景

城內街景

도성 내부 풍경

City street view

城内の街頭風景

城內街景

수표교

Supyogyo Bridge

水標橋

水標橋

수표교

Supyogyo Bridge

水標橋

水標橋

수표교

Supyogyo Bridge

水標橋

水標橋

독립문

Independence Gate, Dongnimmun

独立門

獨立門

독립문

Independence Gate

独立門

獨立門

탑골공원

Tapgol Park

タプコル公園(パゴダ公園)

塔骨公園

원각사지십층석탑

The ten-story stone pagoda
of Wongaksa Temple

円覚寺の十層石塔

圓覺寺十層石塔

한양 경관

Scenery within Hanyang City

漢陽市内の景観

漢陽市內景觀

남산 풍경

One of the landscapes of Namsan

南山の風景

南山風景

남산 풍경

Another landscape of Namsan

南山の風景

南山風景

돈의문 밖 전차

Tram outside Donuimun

敦義門外の電車

敦義門外電車

종로

Jongno-gu

鐘路

鐘路

궁궐 내부

Within the Palace

宮内

宮內

경복궁 전경

Panoramic view of Gyeongbokgung Palace

景福宮全景

景福宮全景

경복궁 전경

Panoramic view of Gyeongbokgung Palace

景福宮全景

景福宮全景

경복궁 근정전

Geunjeongjeon Hall, Gyeongbokgung Palace

景福宮勤政殿

景福宮勤政殿

경복궁 근정전

Geunjeongjeon Hall, Gyeongbokgung Palace

景福宮勤政殿

景福宮勤政殿

경복궁 근정전

Geunjeongjeon Hall, Gyeongbokgung Palace

景福宮勤政殿

景福宮勤政殿

경복궁의 옛 왕비 처소

Former queen's residence in Gyeongbokgung Palace

景福宮内の旧王妃居屋

景福宮內舊王妃居屋

근정전 어좌

The throne in Geunjeongjeon Hall

勤政殿の宝座

勤政殿寶座

경복궁 집옥재

Jibokjae in Gyeongbokgung Palace

景福宮集玉齋

景福宮集玉齋

편전

Audience hall

謁見庁

謁見廳

경운궁(덕수궁) 중화전

Junghwajeon Hall in Gyeongun-gung Palace (Deoksugung Palace)

慶運宮中和殿

慶運宮中和殿

경복궁 경회루

Gyeonghoeru Pavilion in Gyeongbokgung Palace

景福宮慶会楼

景福宮慶会楼

경복궁 강녕전

Gangnyeongjeon in Gyeongbokgung Palace

景福宮康寧殿

景福宮康寧殿

경복궁 향원정

Hyangwonjeong Pavilion in Gyeongbokgung Palace

景福宮香遠亭

景福宮香遠亭

경복궁 향원정

Hyangwonjeong Pavilion in Gyeongbokgung Palace

景福宮香遠亭

景福宮香遠亭

경복궁 내부

Inside Gyeongbokgung Palace

景福宮内

景福宮內

동묘(관우사당)

Donggwanwangmyo (Dongmyo) Shrine of General Guan Yu

東廟

東廟

한성부 청사

Hanseong Government office

漢城府廳舍

漢城府廳舍

궁궐 내부
창덕궁 후원

Within the Palace
The Secret Garden of Changdeokgung

宮内 - 昌德宮後苑

宮內 - 昌德宮後苑

창덕궁 후원은 왕실의 사적 정원으로, 연못인 부용지, 정자인 소요정 등을 갖춘 아름다운 곳이다.

The beautiful Secret Garden or Huwon (back garden) of Changdeokgung Palace was the private garden of the royal family, with lotus ponds, pavilions, flowers, and more, such as Buyongji (hibiscus pond) and Soyojeong (the Pavilion of Ease).

昌德宮後苑は、皇室のメンバーと王妃のプライベートな花園だった。蓮池、涼亭、花木などを備え、芙蓉池や消遙亭などの景観は特に優美であった。

昌德宮後苑，皇室成員和王妃的私人花園，包含蓮池、涼亭、花木等，如芙蓉池、消遙亭，景色優美。

다른 도시들

Other Cities

その他の都市

漢陽都城與周邊城市

탕춘대성(세검정 일대) 부근
홍지문과 오간수문

Hongjimun Gate and
Tangchundaeseong Fortress, with the
five-arch water gate Ogansumun

蕩春臺城の弘智門 五間水門

蕩春臺城之弘智門 五間水門

남한산성 서남쪽 지화문

Jihwamun, the largest and
most imposing South Gate
at the mountain fortress
Namhansanseong

南漢山城至和門

南漢山城至和門

남한산성 서남쪽 지화문 (P.132)

Jihwamun at Namhansanseong

南漢山城 至和門

南漢山城至和門

영은문(모화관 앞)

Yeongeunmun Gate

迎恩門

迎恩門

금강산 장안사

Jangansa Temple on Mount Geumgang

金剛山長安寺

金剛山長安寺

북한산의 사찰

A temple in Bukhansan

北漢山の寺院

北漢山寺院

북한산 세검정

Segeomjeong in Bukhansan

北漢山洗劍亭

北漢山洗劍亭

평양 을밀대

Ulmil Pavilion, Pyongyang

平壤 乙密台

平壤 乙密台

평양 을밀대

Ulmil Pavilion, Pyongyang

平壤 乙密台

平壤 乙密台

평양 을밀대

Ulmil Pavilion, Pyongyang

平壤 乙密台

平壤 乙密台

평양 을밀대

Ulmil Pavilion, Pyongyang

平壤 乙密台

平壤 乙密台

평양 칠성문

Chilsongmun, Pyongyang

平壤 七星門

平壤 七星門

평양 칠성문

Chilsongmun, Pyongyang

平壤 七星門

平壤 七星門

평양 연광정

Ryongwang Pavilion, Pyongyang

平壤 練光亭

平壤 練光亭

평양 연광정

Ryongwang Pavilion, Pyongyang

平壤 練光亭

平壤 練光亭

평양 대동문

Taedongmun, Pyongyang

平壤 大同門

平壤 大同門

평양 대동문

Taedongmun, Pyongyang
平壤 大同門
平壤 大同門

평양 현무문 (P.158)

Hyonmumun, Pyongyang

平壤 玄武門

平壤 玄武門

평양 현무문

Hyonmumun, Pyongyang

平壤 玄武門

平壤 玄武門

평양 모란봉 부벽루

Pubyokru at the foot of Moranbong

牡丹亭下浮碧楼

牡丹亭下浮碧樓

전주 한벽당

Hanbyeokdang, Jeonju

全州 寒碧堂

全州 寒碧堂

함경북도 경성 남대문

Namdaemun, Gyeongseong

鏡城 南門

鏡城 南門

평안남도 안주 동문

The east gate of Anju

安州 東門

安州 東門

개성 남대문

Namdaemun (south gate) in Kaesong

開城 南大門

開城 南大門

수원 방화수류정(오른쪽 상)

Banghwasuryujeong Pavilion, Suwon

水原 訪花隨柳亭

水原 訪花隨柳亭

수원 화홍문과 방화수류정(오른쪽 상)

Banghwasuryujeong Pavilion at Hwahong Gate, Suwon

水原 華虹門訪花隨柳亭

水原 華虹門訪花隨柳亭

수원 팔달문

Paldalmun, Suwon

水原 八達亭

水原 八達亭

강화도 강도남문

The south gate of Gangdo, Ganghwa

江華府 江都南門

江華府 江都南門

만포진 세검정

A pavilion in Manpo

滿浦鎮洗劍亭

滿浦鎮洗劍亭

개성 내부

Inside Kaesong

開城內

開城內

쉬충마오(徐宗懋, Hsu Chung Mao)

이 책을 엮은 쉬충마오는 20년 동안 기자로 활동했습니다. 그는 이라크-팔레스타인 분쟁, 미국의 리비아 폭격, 엘살바도르와 니카라과 내전을 최전선에서 취재했습니다. 현재는 Nueva Vision Co, Ltd(新世語文化有限公司)의 대표이며, 타이완의 쉬충마오스튜디오(徐宗懋圖文館, Hsu Chung Mao Studio)와 중국의 진풍스튜디오(秦風老照片館, Qin Feng Studio) 이름으로 작품을 출판하고 있습니다.

최근 몇 년간 그는 시민 교육과 문화 탐구를 장려하고, 오래된 사진을 최근 역사에 직접 접할 수 있는 중요한 자료로 홍보하기 위해 최근 세계사를 담은 이미지를 수집해 왔습니다.

당신이 보지 못한 희귀 사진
1 한양 그리고 도시
2 전통과 사람들
3 망국과 광복

일러두기
- 이 책에 실린 사진 설명과 색 복원 작업은 쉬충마오 스튜디오에서 진행했습니다.
- 정확한 설명과 복원을 위해 많은 자료를 비교하고 검토했으나, 일부 오류가 있을 수 있습니다. 추후 바로잡을 예정입니다.

당신이 보지 못한 희귀 사진 1
한양 그리고 도시

초판 1쇄 발행 2024년 7월 5일

엮은이	쉬충마오스튜디오
펴낸이	이영선
편집	이일규 김선정 김문정 김종훈 이민재 이현정
디자인	김회량 위수연
독자본부	김일신 손미경 정혜영 김연수 김민수 박정래 김인환

펴낸곳 서해문집 | 출판등록 1989년 3월 16일(제406-2005-000047호)
주소 경기도 파주시 광인사길 217(파주출판도시)
전화 (031)955-7470 | 팩스 (031)955-7469
홈페이지 www.booksea.co.kr | 이메일 shmj21@hanmail.net

ISBN 979-11-92988-64-1 04910
ISBN 979-11-92988-63-4 (전3권)

Hanyang

Produced by │ Hsu Chung Mao Studio

Published by │ NUEVA VISION CO., LTD

Chinese │ Hsu Chung Mao

Korean │ Byeong-Gug Woo

Japanese │ Honda Yoshihiro

Art Director │ Cali Jiang

Digital color restoration │ Hsu Tan Yu、 Zhi Syuan Lin、 Amy Lee、 Cali Jiang、 Jiang,Qi-Sheng

Address │ 5F-2, No. 125, Sec. 3, Roosevelt Rd., Da'an Dist., Taipei City 106609 , Taiwan (R.O.C.)

Landline │ (02)2368-4364

Fax │ (02)2368-4207

Email │ shu4364@ms62.hinet.net

Published in │ June, 2024

ISBN │ 979-11-92988-64-1 04910

ISBN │ 979-11-92988-63-4 (Three Volumes)

Printing House │ SHANGHAI PRINTING WORKS CO., LTD.

No. 71, Danuan Rd., Tucheng Dist., New Taipei City 236041, Taiwan (R.O.C.)

Landline │ (02)2269-7921

Fax │ (02)2269-7924